体育运动

鹰爪拳 泰拳
YINGZHAOQUAN

主编 邓国君 盖学明
李伟亮 谯 净

走进**大自然**
走到阳光下
养成**体育锻炼**
好习惯

吉林出版集团股份有限公司 全国百佳图书出版单位

图书在版编目（CIP）数据

鹰爪拳 泰拳 / 邓国君等主编.—长春：吉林出版集团股份有限公司, 2011.6（2024.1 重印）
ISBN 978-7-5463-5731-7

Ⅰ. ①鹰… Ⅱ. ①邓… Ⅲ. ①象形拳—基本知识②泰拳—基本知识 Ⅳ. ①G852.18②G886.9

中国版本图书馆 CIP 数据核字（2011）第 130798 号

鹰爪拳 泰拳

主编 邓国君 盖学明 李伟亮 谯净
责任编辑 息望 林琳
出版发行 吉林出版集团股份有限公司
印刷 三河市同力彩印有限公司
版次 2011 年 7 月第 1 版 2024 年 1 月第 8 次印刷
开本 787mm×1092mm 1/16 印张 10 字数 100 千
地址 吉林省长春市福祉大路 5788 号 邮编 130000
电话 0431-81629968
电子邮箱 11915286@qq.com
书号 ISBN 978-7-5463-5731-7
定价 45.80 元
版权所有 翻印必究
如有印装质量问题，请寄本社退换

《体育运动》编委会

主　　任　宛祝平

编　　委　支二林　方志军　王宇峰　王晓磊　冯晓杰
　　　　　　田云平　兴树森　刘云发　刘延军　孙建华
　　　　　　曲跃年　吴海宽　张　强　张少伟　张铁民
　　　　　　李　刚　李伟亮　李志坚　杨雨龙　杨柏林
　　　　　　苏晓明　邹　宁　陈　刚　岳　言　郑风家
　　　　　　宫本庄　赵权忠　赵利明　赵锦锦　潘永兴

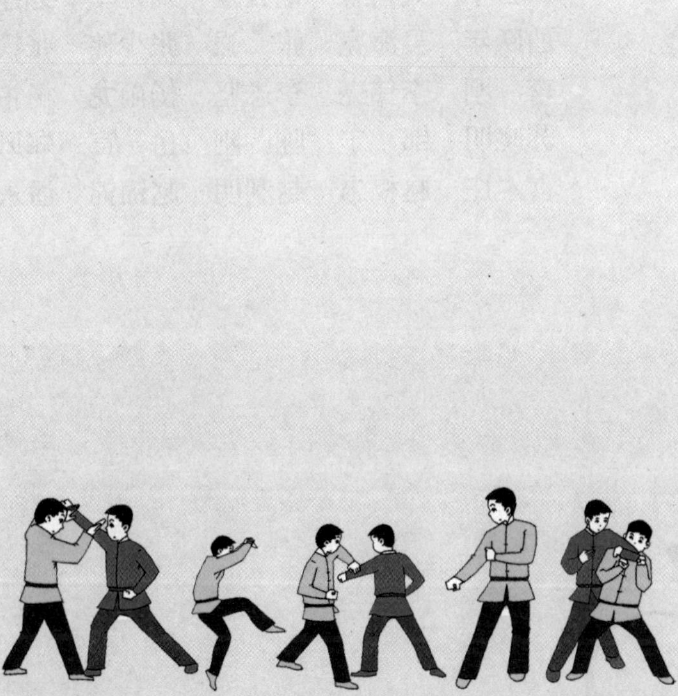

目录

鹰爪拳

第一章 运动保护
第一节 生理卫生..................2
第二节 运动前准备..............3
第三节 运动后放松..............9
第四节 恢复养护..................11

第二章 鹰爪拳概述
第一节 起源与发展..............14
第二节 特点与价值..............14

第三章 鹰爪拳场地和装备
第一节 场地........................18
第二节 装备........................18

第四章 鹰爪拳基本技术
第一节 步形与步法..............22
第二节 手形与手法..............35
第三节 守法........................42
第四节 腿法........................48
第五节 起势........................51
第六节 鹰爪拳小擒拿..........53

1

第五章　鹰爪拳基础战术
　　第一节　技术战术.....................72
　　第二节　边角战术.....................72
　　第三节　心理战术.....................73
第六章　鹰爪拳比赛规则
　　第一节　程序.........................76
　　第二节　裁判.........................76

泰拳

第七章　泰拳概述
　　第一节　起源与发展...................80
　　第二节　特点与价值...................81
第八章　泰拳场地和装备
　　第一节　场地.........................84
　　第二节　装备.........................85
第九章　泰拳基本技术
　　第一节　步技.........................90
　　第二节　拳技.........................96
　　第三节　肘技........................104
　　第四节　腿技........................108

目录 CONTENTS

    第五节　膝技 115
    第六节　摔技 120
第十章　泰拳实战战术
    第一节　主动进攻与防守反击拳法 130
    第二节　主动进攻与防守反击肘法 138
    第三节　主动进攻与防守反击腿法 143
第十一章　泰拳比赛规则
    第一节　程序 150
    第二节　裁判 151

鹰爪拳

第一章 运动保护

"生命在于运动",但是盲目、不科学的运动非但不能起到强身健体的作用,反而会给身体带来一定的伤害。只有掌握体育锻炼的一般性生理卫生知识,科学地进行体育锻炼,才能起到健身强体的作用。

第一节 生理卫生

青少年在进行体育运动时，除了应进行一般性的身体检查和必要的咨询外，还要注意培养运动兴趣和把握适当的运动强度。

一、培养运动兴趣

在进行体育运动前，必须培养自己对体育运动的兴趣。培养兴趣的方法有很多，如观看体育比赛，与同学、朋友进行体育比赛等。有了浓厚的兴趣，就能自觉地投入体育运动之中，从而达到理想的体育锻炼效果。

二、把握运动强度

因为青少年进行体育运动，主要是在享受体育运动的过程中增强体质，提高健康水平，而不仅是为了创造运动成绩，所以运动强度不宜过大。控制运动强度最简单的办法是测定运动时的脉搏。对青少年来说，运动时的脉搏控制在每分钟140次左右较为合适。

第二节 运动前准备

运动前进行充分的准备活动，对于青少年来说是非常重要的。一些青少年体育运动爱好者，常常不重视运动前的准备活动，导致各种运动损伤，影响运动效果，也容易失去对体育运动的兴趣，甚至造成对体育运动的畏惧。因此，青少年在进行体育运动前，必须做好充分的准备活动。

一、准备活动的作用

运动前做好充分的准备活动能够对肌肉、内脏器官有很大的保护作用，同时还可以提前调节运动时的心理状态。

(一) 提高肌肉温度，预防运动损伤

运动前进行一定强度的准备活动，不仅可以使肌肉内的代谢过程加强，温度增高，血液黏滞性下降，提高肌肉的收缩和舒张速度，增强肌力，同时还可以增加肌肉、韧带的弹性和伸展性，减少由于肌肉剧烈收缩而造成的运动损伤。

(二) 提高内脏器官的功能水平

内脏器官的功能特点之一就是生理惰性较大，即当活动开始、肌肉发挥最大功能水平时，内脏器官并不能立刻进入

最佳活动状态。

（三）调节心理状态

青少年进行体育锻炼不仅是身体活动，同时也是心理活动。研究证明，心理活动在体育锻炼中起着非常重要的作用。体育锻炼前的准备活动，可以起到心理调节的作用，即接通各运动中枢间的神经联系，使大脑皮层处于最佳兴奋状态。

二、如何进行准备活动

一般来说，准备活动主要应考虑内容、时间和运动量等问题。

（一）内容

准备活动可分为一般准备活动和专项准备活动。一般准备活动主要是一些全身性的身体练习，如跑步、踢腿、弯腰等。一般准备活动的作用在于提高整体的代谢水平和大脑皮层的兴奋状态，减少运动损伤的发生。专项准备活动是指与所从事的体育锻炼内容相适应的动作练习。

下面介绍一套一般准备活动操，供青少年运动前使用。这套活动操主要包括头部运动、肩部运动、扩胸运动、体侧运动、体转运动、髋部运动和踢腿运动等。

1. 头部运动

头部运动的动作方法(见图1-2-1)是：

两手叉腰，两脚左右开立，做头部向前、向后、向左、向右，以及绕环运动。

2. 肩部运动

肩部运动的动作方法(见图1-2-2)是：

手扶肩部，屈臂向前、向后绕环，以及直臂绕环。

3. 扩胸运动

扩胸运动的动作方法(见图1-2-3)是：

屈臂向后振动及直臂向后振动。

4. 体侧运动

体侧运动的动作方法(见图1-2-4)是：

两脚左右开立，一手叉腰，另一臂上举，并随上体向对侧振动。

5. 体转运动

体转运动的动作方法(见图1-2-5)是：

两脚左右开立，两臂体前屈，身体向左、向右有节奏地扭转。

6. 髋部运动

髋部运动的动作方法(见图1-2-6)是：

两脚左右开立，两手叉腰，髋关节放松，向左、向右各做360°旋转。

7. 踢腿运动

踢腿运动的动作方法(见图1-2-7)是：

两臂上举后振，同时一腿向后半步，然后两臂下摆后振，同时向前上方踢腿。

图 1-2-1

图 1-2-2

图 1-2-3

图 1-2-4

图 1-2-5

图 1-2-6

图 1-2-7

(二)时间和运动量

准备活动的时间和运动量随体育锻炼的内容和量而定,由于以健身为目的的体育运动量较小,因此准备活动的量也相对较小,时间也不宜过长,否则,还未进行体育锻炼身体就疲劳了。半小时的体育锻炼,准备活动时间一般以 10 分钟左右为宜。

第三节 运动后放松

进行剧烈的体育运动后,有些青少年习惯坐在地上,或是直接躺下来休息,认为这样可以快速消除疲劳。其实不然,这样做的结果不仅不能尽快地恢复身体功能,反而会对身体产生不良影响,正确的做法应该是运动后做一些整理活动,放松身体。

一、运动后整理活动的必要性

运动后的整理活动不但可以避免头晕等症状,还可以有效地消除疲劳。

(一)避免头晕

人体在停止运动后,如果停下来不动,或是坐下来休息,静脉血管失去了骨骼肌的节律性收缩,血液会由于受重力作用滞留在下肢静脉血管中,导致回心血量减少,心血输出量下降,造成暂时性脑缺血,出现头晕、眼前发黑等一系列症状,严重者甚至会出现休克。为了避免这些症状的发生,整理活动是非常必要的。

(二)消除疲劳

除了避免头晕等症状的发生，运动后的整理活动还可以改善血液循环状态，达到快速消除疲劳的目的。

二、放松方法

在运动后放松时，应注意以下几个问题：

(1)做一些放松跑、放松走等形式的下肢运动，促进下肢静脉血的回流，防止体育锻炼后心血输出量的过度下降；

(2)在下肢活动后进行上肢整理活动，右臂活动后做左臂的整理活动，通过这种积极性休息，使身体功能得到尽快恢复；

(3)整理活动的量不要过大，否则整理活动又会引起新的疲劳；

(4)在进行整理活动时，应当保持心情舒畅、精神愉快。

第四节 恢复养护

　　人体在运动后,除采用休息和积极性体育手段加速身体功能的恢复外,还可以根据体育运动的特点,补充不同的营养物质,以尽快消除疲劳。

　　体育运动结束后,人体内会产生一种叫作乳酸的酸性物质,它的积累会造成肌体的疲劳,使恢复时间延长。所以,我们在体育运动后,应多补充一些碱性食物,如蔬菜、水果等,而动物性蛋白等肉类食品偏"酸",在运动后的当天可适当减少摄入。

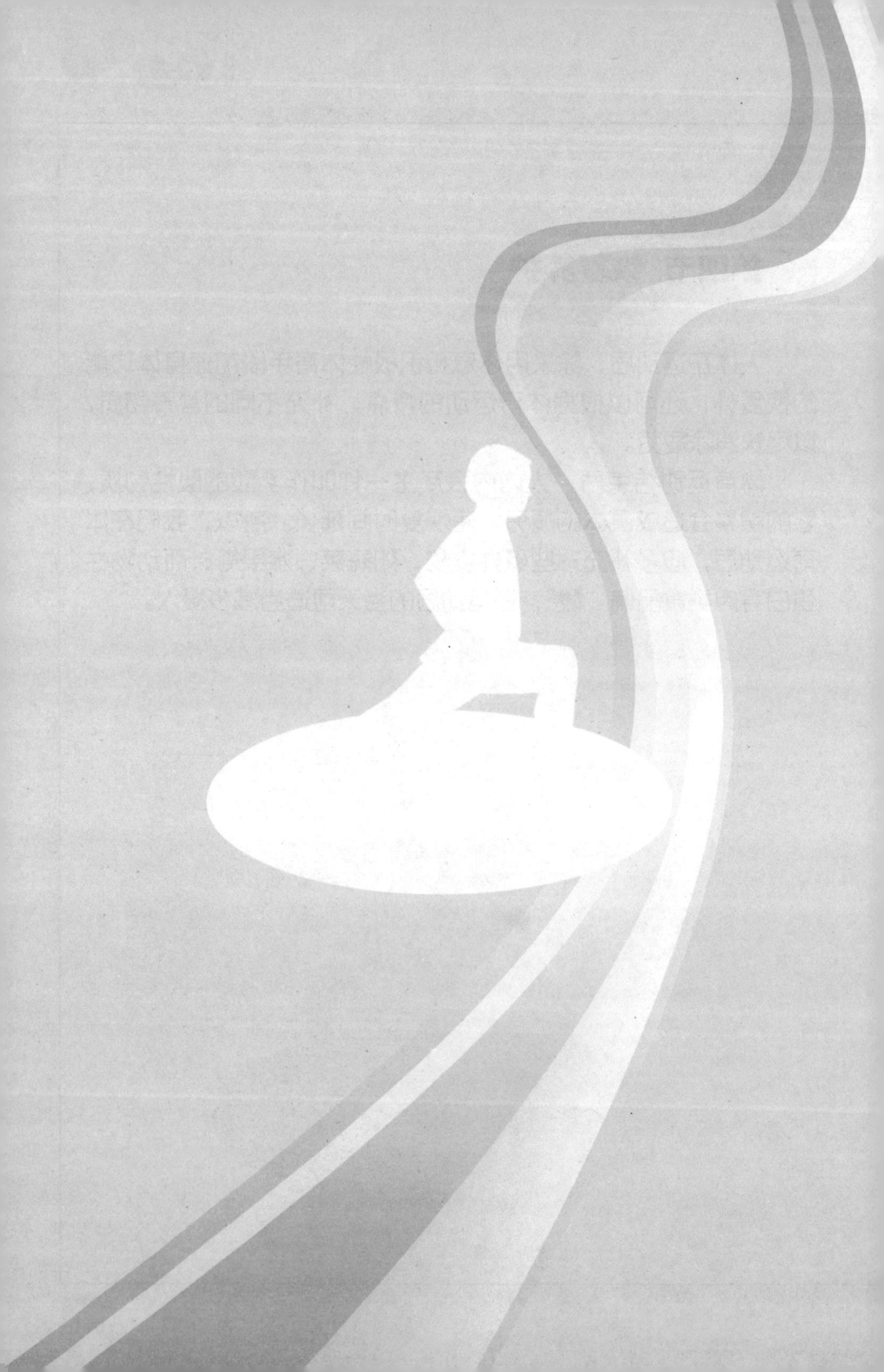

第二章 鹰爪拳概述

鹰爪拳亦称鹰拳,其模仿鹰爪之利,鹰击之形,是一门独特实用的象形绝技。鹰爪拳技法主要有两大特点:擅使鹰爪,注意擒拿;软硬兼具,快慢交加。

第一节 起源与发展

鹰爪拳是中国拳术中的象形拳之一，是吸收鹰的形和击法发展而成的一种拳术。

一、起源

鹰爪拳的起源，一说源于明朝，戚继光《纪效新书·拳经捷要》中载有"鹰爪王之拿"，因言为鹰爪王所传之拳；二为清朝中期河北雄县人刘仕俊所创。后世传人曾将岳氏连拳、翻子拳部分动作（如铁翻杆、双裹手等）与鹰爪拳融合而发展成一个较大的派系，故又称鹰爪翻子门。

二、发展

近代鹰爪拳流行于河北、湖南、湖北、广东、广西和四川等地，东南亚及欧美诸国亦有传练。

目前，鹰爪拳已被正式列为全国武术表演和比赛项目。

第二节 特点与价值

鹰爪拳讲究快速有力、刚柔相济。它不但能培养人们勇敢、敏捷能力，而且能提高神经系统与内脏器官的功能水平，是一种很好的强身自卫的传统套路。

一、特点

鹰爪拳以模仿鹰爪抓扣和鹰翼翻旋的动作为主,其特点是:爪法丰富、抓扣招拿、上下翻转、连环快速、仿形造拳、形神兼备。它要求出手崩打,回手抓拿,分筋错骨,点穴闭气,翻转灵活,神形似鹰。整个套路动则刚暴凶狠,快速密集;静则机智稳健,似鹰待兔,加之"雄鹰展翅""雄鹰捕食"等象形动作的配合,给人以机智、果断、勇猛和优美之感。

二、价值

中华武术源远流长,是中国传统文化中一颗璀璨的明珠,被誉为"中华瑰宝"。而鹰爪拳是中国武术的重要门派之一,受到人们的高度重视,同时也深受广大青少年朋友的喜爱。

(一)增强体质,促进生长发育

科学地进行鹰爪拳训练,不但能使人体在速度、力量、耐力、柔韧性和灵活性等身体素质方面得到很大提高,而且还能调节体内环境的平衡,调养气血,改善人体机能,提高机体抵抗力和免疫力,预防青少年容易形成的含胸、弓背等不良身体姿态。

(二)锻炼意志,培养道德情操

练习鹰爪拳对意志品质的考验是多方面的。通过练习,可使青少年从小养成独立自主的生活习惯,树立远大的理想,培养吃苦耐劳的品质;遇到困难克服消极逃避心理,锻炼勇敢无畏、坚韧不屈的意志品质。

(三)交流技艺,增进友谊

青少年练习鹰爪拳,会成为彼此交流思想、增进友谊的良好手段。如今鹰爪拳在世界广泛传播,深受各国人民的喜爱,他们通过练习鹰爪拳来了解中国文化,探求东方文明。

(四)竞技观赏,丰富文化生活

鹰爪拳具有很高的观赏价值,无论是表演还是比赛,历来为人们喜闻乐见。鹰爪拳表演给观众一种赏心悦目、新颖独特的感受。通过鹰爪拳的锻炼,还可以培养青少年的自我表现力和想象创造力,增强青少年的自信心。

第三章 鹰爪拳场地和装备

在练习鹰爪拳时,场地和装备是必备的条件,良好的场地和装备可以避免运动损伤的发生。

第一节 场地

鹰爪拳的场地,不仅是学习技能的场所,更是培养武德的地方。

一、规格

(1)鹰爪拳比赛在长 14 米、宽 8 米的地毯上进行;
(2)在场地的两个长边中间各做 1 条长 30 厘米、宽 5 厘米的中线标记,用来区别左右半场。

二、要求

地毯四周内沿应标明 5 厘米宽的白线,以提醒选手注意场地范围。

第二节 装备

在练习鹰爪拳或比赛时,一般穿着传统中式武术服装。

一、服装

(1)女子为中式半开小褂(长袖或短袖自定),5 对中式直袢,男

子为中式对襟小褂（长袖或短袖自定），7对中式直祥；

（2）灯笼袖，袖口处加两对中式直祥；

（3）扎软腰巾，中式裤、西式腰，立裆适宜（见图3-2-1）。

图 3-2-1

二、鞋

鞋一般为软胶底，便于蹬地和发力，而且防滑。

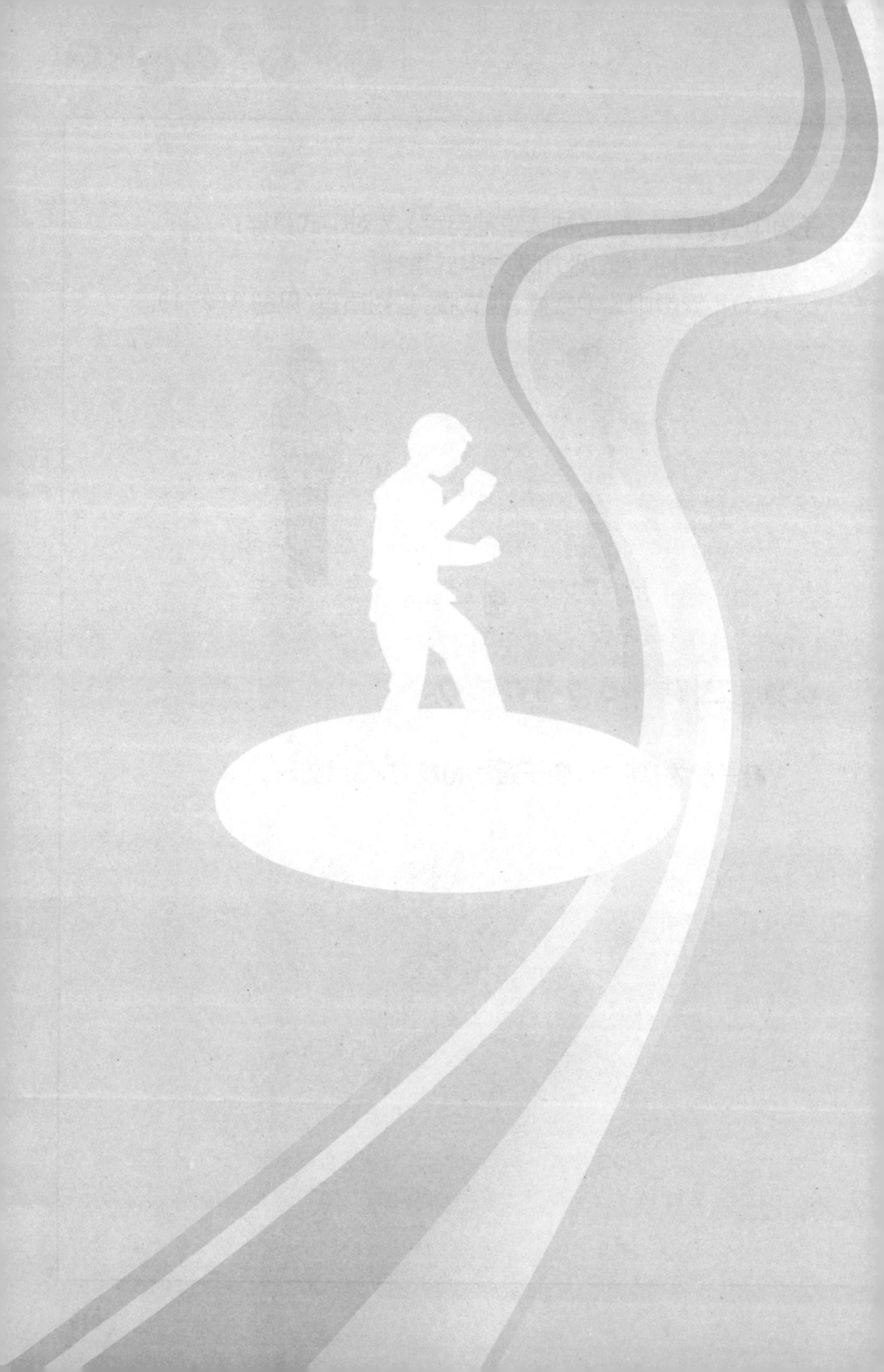

第四章 鹰爪拳基本技术

鹰爪拳的基本技术包括步形与步法、手形与手法、守法、腿法、起势和鹰爪拳小擒拿等。

第一节 步形与步法

步形用以稳固身体,并为步法的移动和腿、臂、身的运转发力提供基础。而步法的速度,常常是配合拳法最强有力的支柱,可以体现出武者功力的深厚程度。

一、步形

步形包括弓步、马步、丁虚步、单鞭步、丁八步、歇步、仆步和并步等。

(一)弓步

弓步(亦称弓箭步)的动作方法(见图 4-1-1)是:

(1)左(右)脚略内扣,全脚掌着地,左(右)腿屈膝,大腿近水平,膝约与脚尖在一垂直线上;

(2)右(左)腿挺膝直伸,脚尖里扣,斜向前方,全脚掌着地,两脚距离为自己脚长的 4~5 倍;

(3)左腿在前,称左弓步,反之称右弓步。

图 4-1-1

(二)马步

马步(亦称马裆步)的动作方法(见图 4-1-2)是:
两脚左右开立,相距约为脚长的 3 倍,脚尖向前,略向内扣,屈膝半蹲,大腿近于水平。

图 4-1-2

(三)丁虚步

丁虚步的动作方法(见图 4-1-3)是:
(1)右(左)腿斜向前,屈膝半蹲,大腿近于水平,全脚掌着地,身向后坐;

（2）左（右）腿向前，屈膝，脚面绷紧，脚尖虚点地面，两脚相距一脚至一脚半远；

（3）左脚在前，称左丁虚步，反之称右丁虚步。

图 4-1-3

（四）单鞭步

单鞭步的动作方法（见图 4-1-4）是：

（1）左（右）腿挺直，脚面略挺，脚掌着地；

（2）右（左）腿屈膝半蹲，脚斜向前方，两脚相距约为脚长的 1～2 倍，身向后坐；

（3）左脚在前，称左单鞭式，反之称右单鞭式。

图 4-1-4

（五）丁八步

丁八步（半马步）的动作方法（见图4-1-5）是：
(1) 左（右）腿屈膝，脚尖略里扣；
(2) 左（右）腿下蹲，大腿略高于水平，脚尖斜向前方，两脚相距与马步相似，身略向后坐；
(3) 左脚在前，称左丁八步，反之称右丁八步。

图4-1-5

（六）歇步

歇步（坐盘）的动作方法（见图4-1-6）是：
(1) 两腿交叉，屈膝全蹲，左（右）脚全脚掌着地，脚尖外展；
(2) 右（左）前脚掌着地，脚跟提起，臀部坐于小腿上，接近脚跟。

图 4-1-6

(七)仆步

仆步的动作方法(见图 4-1-7)是：
(1)右(左)腿全蹲,大腿和小腿紧靠,臀部接近小腿,全脚掌着地,脚尖里扣;
(2)左(右)腿平铺,称左仆步,反之称右仆步。

图 4-1-7

(八)并步

并步的动作方法(见图 4-1-8)是：
两腿伸直并拢,全脚掌着地。

图 4-1-8

二、步法

步法包括上步、退步、玉环步、摆步、颠换步、闪步、刺腿、前掏步、后掏步、挖行步、垫步、跳步、震步(踏步)、击步和跟步等。

(一)上步

上步的动作方法(见图 4-1-9)是：
(1)向前迈步为上步，上前可分左、右腿；
(2)以拧腰转身带动后腿前提，后脚同时用力(力不可太大，太大则落脚不稳)后蹬以增加速度。

图 4-1-9

(二)退步

退步的动作方法(见图 4-1-10)是:
向后撤某腿,如撤右腿为退右步。

图 4-1-10

(三)玉环步

玉环步的动作方法(见图 4-1-11)是:
(1)右(左)脚向前迈至左(右)脚部位,即开始向外摆;
(2)同时左(右)脚以脚尖为轴,脚跟向前移动,右(左)脚至前方即由外向里扣;
(3)先脚尖、后脚跟落地踏实,以吃住"敌脚"为目的。

图 4-1-11

(四)摆步

摆步的动作方法(见图4-1-12)是：
(1)上步时左(右)脚略向后内收,随即再由此略向外、向前、向内摆进;
(2)左(右)脚向外展落地,随之上右(左)腿。

图4-1-12

(五)颠换步

颠换步的动作方法(见图4-1-13)是：
(1)右(左)脚提起向前跳,同时左(右)脚向后跳;
(2)右(左)脚基本落在左(右)脚的位置,左(右)脚基本落在右(左)脚的位置上,跳时不向上起身。

图4-1-13

(六)闪步

闪步的动作方法(见图 4-1-14)是：
(1)右(左)脚向前外侧上步成为前脚；
(2)左(右)脚顺右(左)脚方向闪移。

图 4-1-14

(七)刺腿

刺腿(亦称蹚腿)的动作方法(见图 4-1-15)是：
(1)左(右)脚内扣，脚尖擦地向前滑出；
(2)右(左)腿下蹲呈仆步。

图 4-1-15

(八)前掏步

前掏步（亦称前插步、前盖步、前偷步）的动作方法（见图4-1-16）是：

(1)左(右)脚经右(左)脚前方横跨一步,两腿交叉；
(2)右(左)脚随之横跨一步。

图 4-1-16

(九)后掏步

后掏步（亦称后插步、后盖步、后偷步）的动作方法（见图4-1-17）是：

右(左)脚经左(右)脚后方横跨一步,其余同前掏步。

图 4-1-17

(十)挖行步

挖行步的动作方法(见图 4-1-18)是:
(1)两腿略屈,脚掌用力,向后下方蹬挖,借蹬力向前行走;
(2)行走要平稳,步幅均匀,重心不得起伏,不可跳跃。

图 4-1-18

(十一)垫步

垫步(亦称纵步)的动作方法(见图 4-1-19)是:一脚提起,一脚蹬地前跳落地。

图 4-1-19

(十二)跳步

跳步的动作方法(见图 4-1-20)是：以跳跃形式向前进步。

图 4-1-20

(十三)震步

震步(亦称踏步)的动作方法(见图 4-1-21)是：一脚提起向地面跺踏，另一脚向前进半步。

图 4-1-21

(十四)击步

击步的动作方法(见图 4-1-22)是:

右(左)脚向前击碰左(右)脚,左(右)脚随之上一步(不能腾空,只能擦地前进)。

图 4-1-22

(十五)跟步

跟步的动作方法(见图 4-1-23)是:

右(左)脚进一步,左(右)脚随右(左)脚跟进半步或一步。

图 4-1-23

第二节 手形与手法

手形与手法是鹰爪拳动作套路的基本要素，需要初学者认真学习和掌握。

一、手形

手形主要包括拳、掌和勾手等。

(一)拳

拳包括平拳、尖拳等。

1. 平拳

平拳的动作方法（见图4-2-1）是：

(1)五指握紧，拳面要平，拇指卷曲，末节横贴在第二、三指中节远端；

(2)任何指节不可突出拳面。

图 4-2-1

2.尖拳

尖拳的动作方法(见图4-2-2)是：

(1)中指至小指如常法握拳,食指梢节、中节屈曲,根节伸直；

(2)拇指伸直,末端顶住食指中节内侧,使食指突出拳面,成为击拳的着力点。

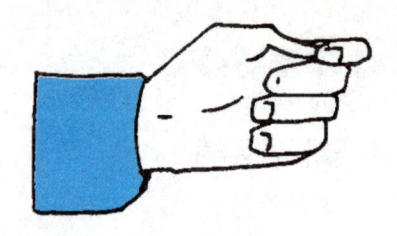

图4-2-2

(二)掌

掌包括立掌和穿掌等。

1.立掌

立掌的动作方法(见图4-2-3)是：

四指伸直并拢,掌指朝上,拇指梢节屈扣于虎口处。

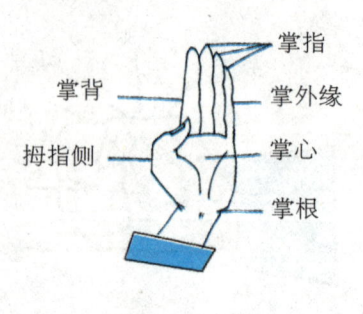

图4-2-3

2.穿掌

穿掌(亦称展掌)的动作方法(见图4-2-4)是：
(1)食指、无名指向中指靠拢,拇指略屈；
(2)臂由屈到伸,挺腕,向前或向后直穿,力达指尖。

图 4-2-4

(三)勾手

勾手的动作方法(见图4-2-5)是：
五指梢节捏拢在一起,屈腕。

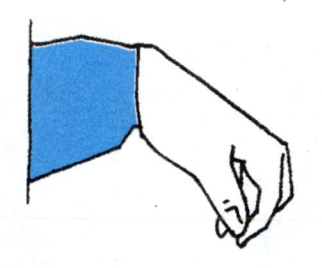

图 4-2-5

二、手法

鹰爪拳的基本手法是抓,包括抓法、叼手、掳手和扒手等。

(一)抓法

抓法包括抄抓、扣抓和托抓等。

1. 抄抓

抄抓的动作方法(见图 4-2-6)是:

手呈覆掌,屈肘,由外向前方划弧,屈指呈抓。

图 4-2-6

2. 扣抓

扣抓的动作方法(见图 4-2-7)是:

手呈立掌,向上屈肘,由外向内扣,屈指呈抓。

图 4-2-7

3.托抓

托抓的动作方法（见图4-2-8）是：

手呈仰掌，虎口向前，屈肘，横臂（前臂）前推，屈指呈抓。

图4-2-8

（二）叼手

叼手包括直叼、旁叼、抄叼和转叼等。

1.直叼

直叼的动作方法（见图4-2-9）是：

手呈立掌，向前伸臂，倾腕，屈指呈叼。

图4-2-9

2. 旁叼

旁叼的动作方法（见图 4-2-10）是：

手呈覆掌，前臂向外或向内侧展，倾腕，屈指呈叼。

图 4-2-10

3. 抄叼

抄叼的动作方法（见图 4-2-11）是：

手呈覆掌，前臂向前下方转臂划弧内收，倾腕，屈指呈叼。

图 4-2-11

4. 转叼

转叼的动作方法（见图 4-2-12）是：

手呈仰掌，极力向小指侧倾腕，并转腕向下外侧呈弧，至外侧再转腕内侧呈叼。

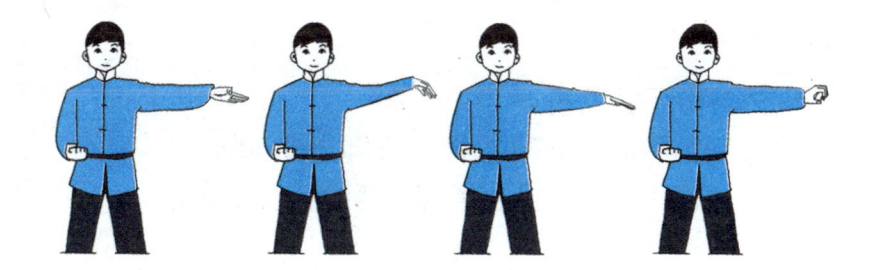

图 4-2-12

(三)掳手

掳手的动作方法(见图 4-2-13)是：

(1)先出一手叼或抓,并向下回拉,另一手再向前呈叼或抓;

(2)两手相对距离相当于人的前臂长度谓之掳,其中一手为叼手,即称叼掳手,两手均为抓,即称抓掳;

(3)掳手先出之手抓腕,后出之手抓肘,两手手指多扣压肘、腕部的穴位处。

图 4-2-13

(四)扒手

扒手的动作方法(见图 4-2-14)是:
(1)食指至小指中节半弯曲,根节挺直,梢节直伸;
(2)屈肘,前臂平端,外展上臂,使扒手横向外侧运动。

图 4-2-14

第三节 守法

守法包括靠法、撞(崩、拍、展、翻、砸)法、推法、扒法、挑法、缠法、撩法和抓法等。

一、靠法

1.动作方法(见图 4-3-1)
屈肘旋臂,以前臂的中远端尺骨侧为着力点。
2.技术要点
(1)开始要动作迅速,在运动到应敌之点两寸左右,迅速运转

前臂,以寸脆之力靠之;

(2)到达(训练时)靠点即停,其目的是将对方进攻之臂靠(或压、架)向斜外方;

(3)一般对方用右拳攻击,我方则使对方臂由右方靠向左方,以求阻止可能的左拳攻击,即取"以一防二"之法。

图 4-3-1

二、撞(崩、拍、展、翻、砸)法

1. 动作方法(见图 4-3-2)

直接打击对方攻击之腿、臂。

2. 技术要点

(1)可用臂、肘、掌、拳、膝直接击开对方攻我方之拳、臂、腿;

(2)翻、展是以臂之力,由上向下或由内向外,以阳刚之气猛然撞开对方攻击之臂,或对方呈防守状态的拳、臂,为我方砸、击、撞而洞开攻击之路。

图 4-3-2

三、推法

1. 动作方法（见图 4-3-3）

以掌推或以掌、拳带开对方攻击之拳脚。

2. 技术要点

此法多配以迅速进身攻击对方，用时虽速度较快，但多用柔力。

图 4-3-3

四、扒法

1. 动作方法（见图4-3-4）

手或手指屈曲，将对方攻击之手臂扒（勾）向外侧。

2. 技术要点

应用时要配以腰的轻度旋转。

图4-3-4

五、挑法

1. 动作方法（见图4-3-5）

（1）一手呈掌，掌外沿向上、向外旋起为挑，两掌连续如此运作为剿；

（2）以掌、臂外侧向外上方斜向挑开对方攻击我方头、面之拳。

2. 技术要点

（1）肘要半屈，臂略呈弧形，如对方力大下压，可运力伸直肘，使其臂划向外侧，失去攻击力度；

（2）此法之力为柔中有刚，其速宜快，为变手争得时间。

图 4-3-5

六、缠法

1. 动作方法（见图 4-3-6）
以一臂或两臂旋转之力将对方攻击之臂裹开,甚至甩开,以闪出空当,创造时机。

2. 技术要点
此法为刚柔相济之力,向外甩时应用先柔后刚之力。

图 4-3-6

七、撩法

1. 动作方法（见图 4-3-7）

以臂或上臂屈肘运动，将对方攻击之臂撩开、挡开、挂开。

2. 技术要点

此法既是防敌之法，也可作击敌之术，撩拳与另一手配合，可损对方之肘、臂，撩、挂多为就近防御的方法。

图 4-3-7

八、抓法

1. 动作方法（见图 4-3-8）

以抓、叼对方攻击之手、臂，以泻其力，并可作为下一次攻击的先导。

2. 技术要点

此法既可运寸脆之力，也可用阴柔之力，应在不同态势下确定。

图 4-3-8

第四节 腿法

腿法包括弹腿、蹬腿、踹腿、点腿、抄腿和跳踢等。

一、弹腿

弹腿（亦称弹踢）的动作方法（见图 4-4-1）是：
（1）支撑腿直立或略屈，另一腿由屈至伸向前踢出，高不过膝；
（2）膝挺直，脚面绷直，力达脚尖、脚背。

图 4-4-1

二、蹬腿

蹬腿（亦称跺子交）的动作方法（见图4-4-2）是：

（1）支撑腿直立或略屈，另一腿由屈至伸，脚尖勾起，用脚跟猛力蹬，高不过胸，低不过腹；

（2）前蹬时上身正直，侧踢时上身倾斜，后蹬时上身前俯与腿呈水平。

图 4-4-2

三、踹腿

踹腿的动作方法（见图4-4-3）是：

（1）支撑腿直立或略屈，另一腿由屈至伸，脚尖勾起，用脚跟猛力踹；

（2）上身直立，踹腿时脚尖外旋，高不过膝。

图 4-4-3

四、点腿

点腿（亦称点心腿）的动作方法（见图 4-4-4）是：
（1）支撑腿挺直、站稳，脚面绷直，力达脚尖；
（2）向前点时上身后仰，脚与胸平，向后点时俯身，脚与身平。

图 4-4-4

五、抄腿

抄腿的动作方法（见图 4-4-5）是：
（1）支撑腿挺直或略屈，另一腿脚尖勾起，腿由屈至伸，脚跟向前或内侧前方擦地抄踢；
（2）高不过胸，力达脚腕或脚尖。

图 4-4-5

六、跳踢

跳踢的动作方法(见图 4-4-6)是：
一脚高提，另一脚随之向上起跳，并向前弹踢。

图 4-4-6

第五节 起势

起势为拳势的开始，也为待敌之势（表演套路除外），包括单边待敌势和丁八待敌势等。

一、单边待敌势

单边待敌势的动作方法（见图4-5-1）是：

（1）立正，目视前方，两肘屈曲，两手呈仰拳，横放于两侧拳位处；

（2）头左转，向左跨一步，下蹲呈马步，顺左肩方向打左平拳；

（3）左转身呈弓步，收左手，出右拳；

（4）上右腿并步，膝略屈，右拳向内，随之含胸，并向右后方略收；

（5）左脚出半步，脚掌虚撑地，左手向前伸，半屈肘呈立拳，拳与鼻等高，后腿半屈即可；

（6）左脚在前称左单边势，反之称右单边势。

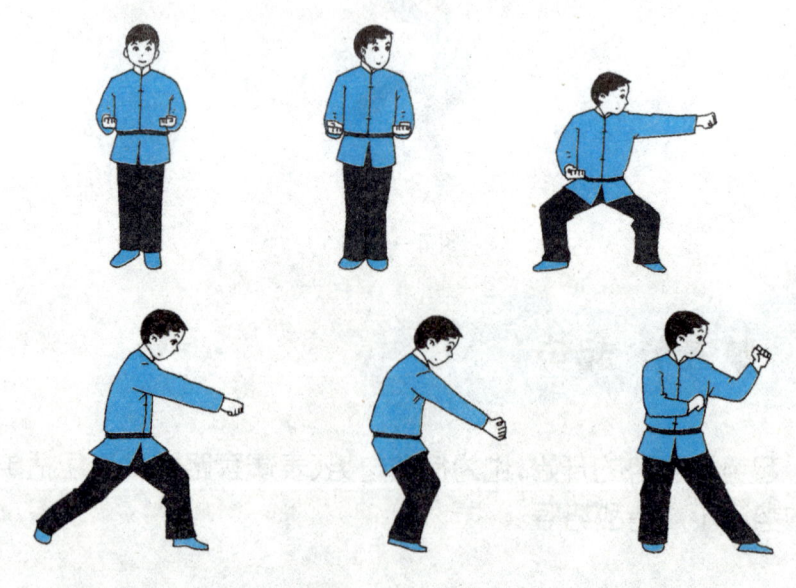

图4-5-1

二、丁八步待敌势

丁八步（亦称半马步）待敌势的动作方法（见图 4-5-2）是：

（1）立正，目视前方，两肘屈曲，两手呈仰拳，横放于两侧拳位处；

（2）头左转，向左跨一步，下蹲呈马步，顺左肩方向打左平拳；

（3）左转身呈弓步，收左手，出右拳；

（4）至并步时，右手呈掌，向内、向后收呈仰掌，停于右拳位处，左臂向前，左手直伸呈覆掌，出左腿呈丁八步；

（5）左手伸直，重在训练臂在静止状态时的力量，左腿在前，称左丁八步待敌势，反之称右丁八步待敌势。

图 4-5-2

第六节 鹰爪拳小擒拿

鹰爪拳小擒拿是鹰爪抓法的初级运用，动作小，劲力少，主要起到暂时钳制和创造战势的作用，包括扣法、拽法、缠法、拧法、扑法、搂法和抓腕折肘法等。

一、扣法

扣法包括扣腕法、扣颈法、扣肩法、扣嘴法、扣眼法和扣喉法等。

(一)扣腕法

扣腕法的动作方法(见图 4-6-1)是:
抓扣手腕。

图 4-6-1

(二)扣颈法

扣颈法的动作方法(见图 4-6-2)是:
抓扣脖颈。

图 4-6-2

(三)扣肩法

扣肩法的动作方法(见图4-6-3)是:抓扣肩膀。

图 4-6-3

(四)扣嘴法

扣嘴法的动作方法(见图4-6-4)是:抓扣嘴巴。

图 4-6-4

(五)扣眼法

扣眼法的动作方法(见图4-6-5)是:抓扣眼球。

图 4-6-5

(六)扣喉法

扣喉法的动作方法(见图 4-6-6)是：抓扣咽喉。

图 4-6-6

二、拽法

拽法包括拽发法、拽臂法、拽胸法、拽肩法、拽腰法和拽腿法等。

(一)拽发法

拽发法的动作方法(见图 4-6-7)是：抓拽头发。

图 4-6-7

(二)拽臂法

拽臂法的动作方法(见图 4-6-8)是:抓拽前臂。

图 4-6-8

(三)拽胸法

拽胸法的动作方法(见图 4-6-9)是:抓拽前胸。

图 4-6-9

(四)拽肩法

拽肩法的动作方法(见图 4-6-10)是:抓拽肩膀。

图 4-6-10

(五)拽腰法

拽腰法的动作方法(见图 4-6-11)是:抓拽腰节。

图 4-6-11

(六)拽腿法

拽腿法的动作方法(见图 4-6-12)是：抓拽腿踝。

图 4-6-12

三、缠法

缠法包括缠头法、缠腕法和缠臂法等。

(一)缠头法

缠头法的动作方法(见图 4-6-13)是：抓缠头发。

图 4-6-13

(二)缠腕法

缠腕法的动作方法(见图 4-6-14)是：抓缠手腕。

图 4-6-14

(三)缠臂法

缠臂法的动作方法(见图 4-6-15)是：抓缠前臂。

图 4-6-15

四、拧法

拧法包括拧腕法和拧臂法等。

(一)拧腕法

拧腕法的动作方法(见图 4-6-16)是：抓拧手腕。

图 4-6-16

(二)拧臂法

拧臂法的动作方法(见图 4-6-17)是：抓拧前臂。

图 4-6-17

五、扑法

扑法包括扑发法、扑肩法、扑胸法、扑腕法、扑臂法、扑腰法、扑腿法、扑眼法、扑喉法和扑合法等。

(一)扑发法

扑发法的动作方法(见图 4-6-18)是：抓扑头发。

图 4-6-18

(二)扑肩法

扑肩法的动作方法(见图 4-6-19)是：抓扑双肩。

图 4-6-19

(三)扑胸法

扑胸法的动作方法(见图 4-6-20)是：抓扑前胸。

图 4-6-20

(四)扑腕法

扑腕法的动作方法(见图 4-6-21)是：抓扑双腕。

图 4-6-21

(五)扑臂法

扑臂法的动作方法(见图 4-6-22)是:抓扑双臂或单臂。

图 4-6-22

(六)扑腰法

扑腰法的动作方法(见图 4-6-23)是:抓扑腰侧。

图 4-6-23

(七)扑腿法

扑腿法的动作方法(见图 4-6-24)是：抓扑双腿或单腿。

图 4-6-24

(八)扑眼法

扑眼法的动作方法(见图 4-6-25)是：抓扑双眼。

图 4-6-25

(九)扑喉法

扑喉法的动作方法(见图 4-6-26)是：抓扑咽喉。

图 4-6-26

(十)扑合法

扑合法的动作方法(见图 4-6-27)是：抓扑颈肩部位。

图 4-6-27

六、搂法

搂法包括搂头法、搂脖法、搂腰法和搂腿法等。

(一) 搂头法

搂头法的动作方法(见图 4-6-28)是：抓搂头耳。

图 4-6-28

(二) 搂脖法

搂脖法的动作方法(见图 4-6-29)是：抓搂脖颈。

图 4-6-29

（三）搂腰法

搂腰法的动作方法（见图 4-6-30）是：抓搂腰节。

图 4-6-30

（四）搂腿法

搂腿法的动作方法（见图 4-6-31）是：抓搂单腿或双腿。

图 4-6-31

七、抓腕折肘法

抓腕折肘法包括托折肘、架折肘和扛折肘等。

(一)托折肘

托折肘的动作方法(见图 4-6-32)是:
(1)急用左手缠对方左腕,使其肘头向下;
(2)速连右手,搦对方左肘,加力托折。

图 4-6-32

069

(二)架折肘

架折肘的动作方法(见图 4-6-33)是:
(1)急用左手缠对方左腕,使其肘头向下;
(2)速连右前臂,架对方左肘,加力上折。

图 4-6-33

(三)扛折肘

扛折肘的动作方法(见图 4-6-34)是:
(1)急用双手扑对方左臂,向外缠拧,使其肘头向下;
(2)速连右肩,扛对方右肘,加力上折。

图 4-6-34

第五章 鹰爪拳基础战术

随着技战术水平的提高、比赛经验的丰富，选手的战术意识也会不断增强。所以在训练和比赛中，注意培养战术意识是十分必要的。基础战术包括技术战术、边角战术和心理战术等。

第一节 技术战术

技术战术指发挥我方擅长的技术,控制场上的主动权,抑制对方的进攻,从而取得比赛胜利的战术。

在训练中,要将单个动作、组合动作中的动作规格、速度、劲力及意识的表现技能,在套路训练中加以应用,增强高质量完成整套动作的能力。这里关键是要处理好整套动作的节奏和体力的合理分配。

技术战术运用时,自身应具备以下条件:

(1)我方的技术必须全面、熟练、有效;

(2)训练或比赛时要头脑冷静。

第二节 边角战术

边角战术指利用训练或比赛中对方退到边界线边缘,怕越出边界线而被警告的不利心理,进行攻击的战术。

边角战术是选手的知识和能力在比赛或训练中的综合体现。选手在比赛或训练中注意力、观察力、思维和想象力,都应保持很强的敏感性。

实施边角战术应注意以下问题:

(1)比赛中对方因有怕越出边界线的心理因素,在临近边角时技术容易出现漏洞,此时抓住机会连续进攻,成功率较高;

(2)使用边角战术时,我方要较好地把握住距离感和空间感,

以免因用力过猛或中了对方的圈套,反而使自己越出边界线。

第三节 心理战术

　　心理战术指通过一些特定的方式和措施,给对方造成心理上的压力,从而取得比赛胜利的战术。

　　人类任何形式的运动,都伴随着不同程度的心理作用。在比赛或训练中对于一些自己不敢接近的对手,采用躲闪反击法可以消除心理障碍,是选手在比赛或训练中充分发挥技战术水平,创造最佳成绩的一种手段。

　　心理战术形式多样,主要有以下三点:
　　(1)比赛开始前利用表情、动作威慑对方;
　　(2)激怒对方或松懈对方的斗志;
　　(3)赛前隐瞒实力或夸大自身实力,给对方造成心理压力等。

第六章 鹰爪拳比赛规则

鹰爪拳比赛是普及鹰爪拳运动的一种很好的形式，它在长期的发展过程中已经形成了一套完整的比赛程序和裁判方法。

第一节 程序

鹰爪拳比赛是单败淘汰赛，比赛程序包括参赛办法和比赛方法。

一、参赛办法

参加鹰爪拳比赛的选手首先要进行报名，报名后经过资格审查才能有机会参加比赛。

二、比赛方法

（1）上擂前，演示本拳种拳术、套路各1套；
（2）每场比赛净打3局，每局净打1分钟30秒，局间休息1分钟。

第二节 裁判

裁判人员根据比赛规程的规定，执行其比赛组织工作。选手如果对评分标准了然于胸，就能在比赛中游刃有余、发挥自如。

一、裁判员

裁判人员包括：
(1) 总裁判长 1 人，副总裁判长 1~2 人；
(2) 记录员、示分员、计时员各 1 人；
(3) 场上主裁判员 1 人，场上边裁判员 1 人。

二、评分

(一) 拳击、掌击得分

以拳或掌明显击中对方有效部位，并确定为有效击中（有明显响声和位移）得 1 分，击倒对方得 2 分。

(二) 腿击得分

运用腿法，明显击中对方有效部位得 1 分，击倒对方得 2 分。

(三) 肩、胯、肘、膝击得分

使用肩、胯、肘、膝击中对方躯干有效部位得 1 分，击倒对方得 2 分。

(四)抱摔得分

(1)使用抱摔技巧将对方摔倒得2分,逼下擂台得3分;
(2)双方摔倒或下擂台,均不得分;
(3)一方自己倒地,对方得1分;
(4)主动使用倒地技术攻击对方时不失分。

(五)进攻得分

运用鹰爪拳组合技法连续进攻,并明显击中对方有效部位得1~3分,击倒对方得3分。

(六)其他得分

(1)选手消极4秒,被裁判警示进攻3秒内仍不进攻,对方得1分;
(2)在同一局比赛中,选手有意扯拉对方衣服2秒内并无攻击动作,应视为进攻消极,经裁判警示后,仍以此方法消极者,对方得1分。

泰拳

第七章 泰拳概述

泰拳是一种实战性极强且威力巨大的徒手搏击术,素以凶狠凌厉闻名天下。泰拳和其他民族的技击项目一样,有着源远流长的历史。

第一节 起源与发展

泰拳是一项泰国人民最为热衷的体育运动,与泰国民族的传统文化关系密切,宗教色彩浓厚,每有寺庙或重大庆典,必有泰拳节目,且常被列为大会的压轴戏。泰国人以打拳、观拳为乐。

一、起源

泰拳源于 500 年前的艾尤塔雅,曾在苏可泰皇朝时期盛行一时。古代泰国经常和邻国因领土问题发生战争,泰拳就是由战争中赤手空拳的格斗自然而然地发展起来的。有人认为,大城王朝代著名的武术天才——那雷斯恩王把泰拳作为战斗时使用的格斗招数加以普及,是泰拳的起源。

第二次世界大战以后,泰拳和拳击结合演变成了体育项目,并被认为是世界上最激烈的格斗体育项目。

二、发展

现在,泰国的国防武装部队士兵都要接受泰拳训练,中等学校也把泰拳列为体育课程内容,泰拳在泰国蓬勃发展,已成为一项全国性的体育运动。

在国际上,泰拳因泰拳手屡屡战胜自由搏击、柔道、空手道、跆拳道等一些武坛高手而声名显赫。世界五大洲百余个国家和地区已熟知这项运动并学习它。

第二节 特点与价值

泰拳运动易于开展，强度适中，对提高身体素质和发展心理和智力都有着积极的作用，而且还有助于各国之间，人与人之间进行文化交流。

一、特点

泰拳既具有一般体育项目的运动特点，又具有它自身的特殊性。泰拳的特殊性，就在于它是双方通过拳头、肘或膝等技术和心理的较量。

(一)艺术性

高水平的拳手在比赛时，表现出强劲有力的攻防动作，拳法突然迅速，攻势凌厉，并且动作潇洒自如，姿态优美，给人以艺术性的美感。泰拳不但是力量、技术、意志、心理和智慧的竞技健美艺术，而且还可以塑造人的心灵，培养人的高尚审美观。

(二)竞技性

泰拳比赛时面对瞬息万变的赛场情况，要求运动员在极短的时间内准确地了解对方的基本状况，迅速作出相应的判断并采取相应的行动，利用强有力的身体和娴熟的技术及多变的战术进行

攻击和防守，同时还要求运动员具有战胜对方的信心和勇敢顽强的意志品质。

二、价值

泰拳对人体和社会都具有极大的价值，这些价值主要表现在以下几个方面：

1. 增强人体的力量

泰拳比赛时要靠人体的爆发力来完成攻防动作，只有在最短的时间内将最大的力量发挥出来，才能够达到攻击的目的，而长期锻炼是增强拳手力量的重要途径。

2. 提高灵敏性和反应能力

由于泰拳这项运动要求锻炼者有较强的敏捷度和快速反应能力，所以经常练习泰拳和参加泰拳比赛的人，灵敏性和反应能力都会得到充分锻炼和提高。

3. 防身自卫的有效手段

泰拳作为一种空手格斗技术，可以将其运用于实战之中。练习泰拳可以提高练习者遇到侵犯时的自我保护能力，还可以将其作为保护国家、集体和他人利益，维护社会的安定团结的武器。

第八章 泰拳场地和装备

场地和装备是进行泰拳运动的必备条件,对锻炼者和运动员技术水平的提高有很大的影响。

第一节 场地

初学者最好到正规的比赛场地练习，但也可以在空地或家里的地板上进行练习。不过练习的时候一定要小心，以减少运动损伤。本节主要介绍泰拳比赛场地的规格和设施。

一、规格

规格为 550 厘米×550 厘米，每边自围绳向外伸出部分不得少于 50 厘米。

二、设施

(一)立柱

台上的四角均设有固定在台角的立柱，4 个立柱间用 3 条粗绳围拦成一个正方形空间(见图 8-1-1)。

(二)围绳

(1)在立柱的上、中、下系有 3 根粗围绳，绳内是钢丝，外面裹有海绵；

(2)每条围绳直径 3 厘米左右，依次高出赛台 40 厘米、80 厘米和 130 厘米，固定于 4 个台角的柱子上，围绕赛台。

（三）垫子

赛台平面应垫一层厚 15 厘米左右的软垫，上面再覆盖一层帆布，赛台表面必须平整。

（四）踏梯

赛台斜对角分别为红角和蓝角，在红、蓝两角各设一座踏梯，以供选手、助手和裁判员等相关人员上下台使用。

图 8-1-1

第二节 装备

在正规的比赛中，规定用统一规格的专用装备，主要包括服装和护具。

一、服装

参加竞赛者规定穿红裤或蓝裤,以便公证人、观众及裁判员容易辨认,臂上可佩戴彩带或其他饰物(见图8-2-1)。

图 8-2-1

二、护具

(一)拳套(图8-2-2)

拳套一般分113克和170克两种。

图 8-2-2

(二)护裆

正式比赛中,护裆有统一的规格和标准,不可随意选用。

(三)护踝

护踝要选择适合自己脚踝的型号,以舒服、合适为宜。

第九章 泰拳基本技术

泰拳的基本技术是初学泰拳者必须掌握的基础技能,包括步技、拳技、肘技、腿技、膝技和摔技等。

第一节 步技

灵活的步法对一名优秀的拳手来说是极其重要的,它可以使运动员在进攻或防守中更加灵活多变。步技包括防守势和基本步法等。

一、防守势

防守势又称拳桩或基本姿势,动作方法(见图9-1-1)是:
(1)以左势为例,身体自然站立,双臂自然下垂;
(2)左脚向前上一步,右脚脚尖外展,两脚接近90°,两脚约与肩同宽;
(3)两手握拳,左拳举至左眼前方,右拳举至下颌右前方;
(4)含胸拔背收腹,下颌内收,两肘自然下垂护肋,左肩侧对前方;
(5)身体重心在两脚之间,前脚掌着地,脚跟略提,两眼注视对方。

图 9-1-1

二、基本步法

步法是指练习者单脚或双脚向不同方向的移动,是泰拳技法中重要的组成部分,包括进步、退步、上步、撤步、闪步、斜进步、斜退步、换步、纵步、环绕步和垫步等。

(一)进步

进步的动作方法(见图9-1-2)是:
由左防卫势开始,右脚蹬地,左脚向正前方跨一步,右脚随即跟进。

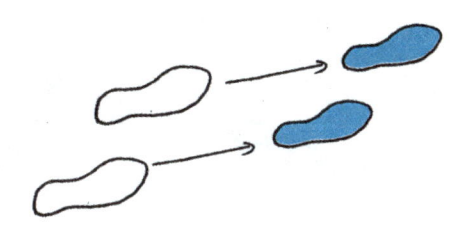

图9-1-2

(二)退步

退步的动作方法(见图9-1-3)是:
由左防卫势开始,左脚蹬地,右脚向后退一步,左脚随即退回。

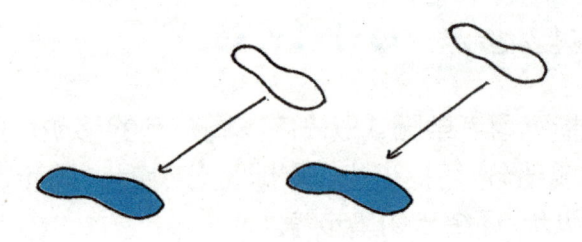

图 9-1-3

(三)上步

上步的动作方法(见图 9-1-4)是:
由左防卫势开始,右脚经左脚内侧向前上一步,变换成右防卫势。

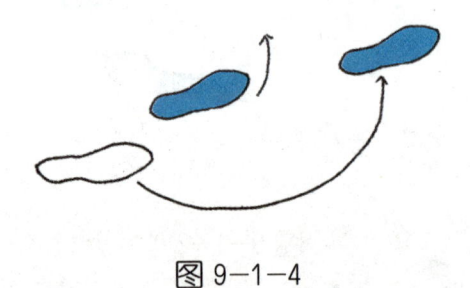

图 9-1-4

(四)撤步

撤步的动作方法(见图 9-1-5)是:
由左防卫势开始,左脚经右脚内侧向后撤一步,变换成右防卫势。

图 9-1-5

(五)闪步(左闪、右闪)

闪步(左闪、右闪)的动作方法(见图 9-1-6)是：
(1)由左防卫势开始，左脚向左侧闪一步，随即右脚向左跟进一步；
(2)由右防卫势开始，右脚向右侧闪一步，随即左脚向右跟进一步。

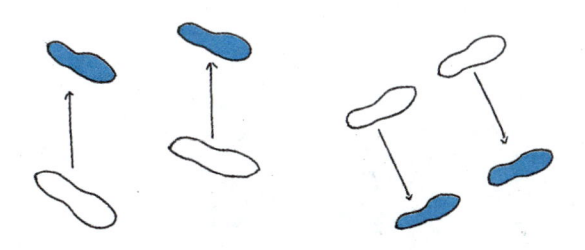

图 9-1-6

(六)斜进步(左、右)

斜进步(左、右)的动作方法(见图 9-1-7)是：

(1)由左防卫势开始,左脚向左斜前方跨一步,右脚跟进;

(2)右脚向右斜前方跨一步,左脚跟进,变成右防卫势。

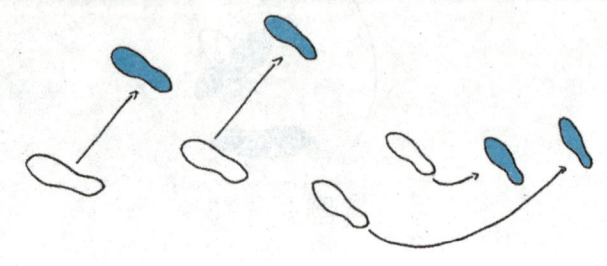

图 9-1-7

(七)斜退步(左、右)

斜退步(左、右)的动作方法(见图 9-1-8)是:

(1)由左防卫势开始,左脚向左斜后方退一步,右脚随着退后,变成右防卫势;

(2)右脚向右斜后方退一步,左脚随着后退,变成左防卫势。

图 9-1-8

(八)换步

换步的动作方法(见图 9-1-9)是:

由防卫势开始，左、右脚跳动互换位置。

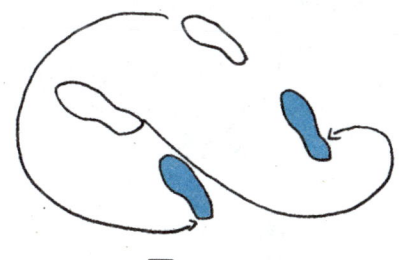

图 9-1-9

(九) 纵步 (单、双脚)

纵步 (单、双脚) 的动作方法 (见图 9-1-10) 是：

由防卫势开始，单脚或双脚使身体纵向腾空，多配合飞膝、飞腿步法。

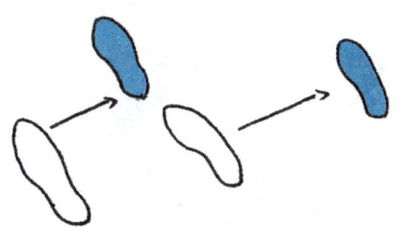

图 9-1-10

(十) 环绕步 (单、双脚)

环绕步 (单、双脚) 的动作方法 (见图 9-1-11) 是：
由防卫势开始，单脚或双脚按顺时针或逆时针方向环绕。

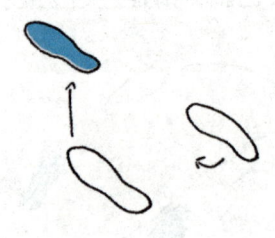

图 9-1-11

(十一) 垫步

垫步的动作方法（见图 9-1-12）是：
由防卫势开始，后脚向前脚位垫步，前脚随即向前落步。

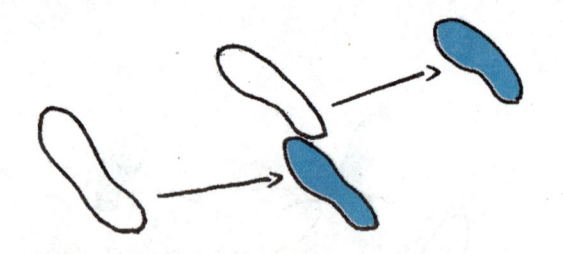

图 9-1-12

第二节 拳技

泰拳的要诀是击打部位准、发力打击狠，常用于试探、虚掩、进攻、防守和反击，并配合肘、膝或腿等技法运用。拳技击打的目标有眉角、眼部鼻骨、嘴部、下颌、心窝、腹部、胸肋、头颈和耳后等。拳技包括发拳技术要领和基本拳法等。

一、发拳技术要领

正确的握拳方法是四指握紧，拇指弯曲压在食指和中指上，拳的力点在拳前方。发拳技术要领包括握拳用力、全身用力和攻防结合等。

（一）握拳用力

在击打之前握拳不要用力，当要接触目标的瞬间，集中全身力量握拳，击打目标。

（二）全身用力

将腿、腰、肩、臂全身的力量集中到拳上，并向内旋转，这样会产生巨大的力量。

（三）攻防结合

在一拳出拳时，另一拳要防守，而且出拳后要马上收回，这样才不会出现空当。

二、基本拳法

基本拳法包括直拳（刺拳）、勾拳、摆拳、掴击拳、回手拳和捂鼻拳（掩手）等。

（一）直拳

直拳又称刺拳，包括左直拳和右直拳等。

1. 左直拳

左直拳的动作方法（见图9-2-1）是：

（1）由左防卫势开始，左肩向前，身体右转，左拳以手背向上、向前打出；

（2）右拳手臂放在颌侧，保护自己，目视左拳击打目标。

2. 右直拳

右直拳的动作方法（见图9-2-2）是：

（1）由左防卫势开始，身体左转，重心移至左脚上，右腿蹬地，拧腰转胯，右肩前送，右臂拧旋，直线前冲，力达拳面；

（2）同时下颌略收，左拳回收下颌处，目视右拳方向。

图9-2-1

图 9-2-2

(二)勾拳

勾拳包括上勾拳、平勾拳和下勾拳等,以右拳为例。

1. 上勾拳

上勾拳的动作方法(见图 9-2-3)是:

(1)由左防卫势开始,右手臂弯曲小于 90°,右拳由下向上弧形勾击,力达拳面;

(2)右脚蹬地,身体左转,拧腰转胯,出拳时身体重心移至左脚,同时左拳回收下颌处,目视拳方向。

2. 平勾拳

平勾拳的动作方法(见图 9-2-4)是:

(1)由左防卫势开始,右手臂弯曲小于 90°,右拳由外向里水平弧形勾击,力达拳面;

(2)右脚蹬地,身体左转,拧腰转胯,出拳时身体重心移至左脚,同时左拳回收下颌处,目视拳方向。

3. 下勾拳

下勾拳的动作方法(见图 9-2-5)是:

(1)由左防卫势开始,右手臂弯曲小于 90°,右拳由上向斜下

方弧形勾击,力达拳面;

(2)右脚蹬地,身体左转,拧腰转胯,出拳时身体重心移至左脚,同时左拳回收下颌处,目视拳方向。

图 9-2-3

图 9-2-4

图 9-2-5

(三)摆拳

摆拳包括前摆拳和后摆拳等,以右拳为例。

1. 前摆拳

前摆拳的动作方法(见图9-2-6)是:

(1)由左防卫势开始,右手臂略弯曲,右拳由外向内水平弧形摆击,手腕内旋,力达拳面;

(2)右脚蹬地,身体左转,拧腰合肩,出拳时身体重心移至左脚,以加大摆力,同时左拳回收下颌处,目视拳方向。

2. 后摆拳

后摆拳的动作方法(见图9-2-7)是:

(1)由左防卫势开始,右脚向左脚后撤步,同时身体右转270°,右臂略屈,水平弧形摆击,力达拳背;

(2)蹬地、拧腰、转身合力为一,加大摆力,同时左拳回收下颌处,左手臂起防护作用,目视拳方向。

图9-2-6

图 9-2-7

(四) 捆击拳

捆击拳的动作方法(见图 9-2-8)是：

(1) 由左防卫势开始，右手臂弯曲，右拳由外向内水平击打，力达拳心根部；

(2) 右脚蹬地，身体左转，拧腰转胯，出拳时身体重心移至左脚，同时左拳回收下颌处，目视拳方向。

图 9-2-8

(五) 回手拳

回手拳的动作方法(见图 9-2-9)是：

(1) 以右拳为例，由左防卫势开始，右臂弯曲，以肘关节为轴，

向前反背弹击,力达拳背;
（2）拧腰转胯,同时左拳回收下颌处,目视拳方向。

图 9-2-9

(六)捂鼻拳

捂鼻拳又称掩手,动作方法(见图 9-2-10)是：
由左防卫势开始,双拳直线向前推压,常用来掩压对方面部,遮掩其视线,堵闭其口、鼻造成呼吸困难。

图 9-2-10

第三节 肘技

肘技在泰语中叫"索",是近身搏战中的有力技巧。肘技因力量大、线路短、攻击点多、速度快、防守难和凶狠威猛等特点而独领世界武坛风骚。肘技击打目标有眉角、前额、鼻骨、咽喉、下颌、头顶、耳后、腹腔神经丛、肋部和后心等,特别是击打对方头面时,会令其头破血流,视线模糊,从而丧失对搏能力。肘技包括技术要领和基本技法等。

一、技术要领

(1)发肘时需肩松和手松;
(2)发肘时需呼气和意识凶猛;
(3)肘窝夹角要小,出肘要求短、快、硬;
(4)发肘时头顶上领,支撑腿向下扣,蹬脚;
(5)发肘时可单击或连击,并配合腿、拳、膝、摔等技法综合使用;
(6)根据自身身体特点及爱好,可精修肘技中的数个肘法作为绝技;
(7)发肘时应与步法、身法协调配合,步法主要起贴靠对方的作用,身法应与肘技发力同向,方可产生巨大威力;
(8)发肘时要敢于近身作战,培养实战胆量。

二、基本技法

基本技法包括平肘、追肘（平、斜）、砸肘、跺肘（单、双）、撬肘和反肘（上、平、下）等。

（一）平肘

平肘的动作方法（见图9-3-1）是：

（1）由防卫姿势开始，一手臂屈肘，肘尖由身体左右两侧弧形向体前平摆，力达肘尖；

（2）另一手臂挡护于面侧，脚趾蹬地，转腰拧胯，送肩甩肘，目视对方。

图 9-3-1

（二）追肘

追肘的动作方法（见图9-3-2）是：

（1）由防卫姿势开始，一手臂胸前屈肘，肘尖向前或向斜上方直顶，力达肘尖；

（2）脚趾蹬地，转腰送肩，另一手臂屈肘挡护于面侧，目视肘方向。

图 9-3-2

（三）砸肘

砸肘的动作方法（见图 9-3-3）是：

（1）由防卫姿势开始，一手臂提肩屈肘，肘尖向体前下方斜劈，身体重心下降，含胸滚背，屈膝沉胯，力达肘尖；

（2）另一手臂屈肘挡护于面侧，目视对方。

图 9-3-3

（四）剁肘

剁肘的动作方法（见图 9-3-4）是：

(1)由防卫姿势开始，一手或两手手臂屈肘，提肩抬臂，肘尖向下垂直砸击，身体重心下降，含胸收腹，屈膝沉胯，力达肘尖；
　　(2)另一手臂屈肘挡护于面侧，目视肘方向。

图 9-3-4

(五)撬肘

　　撬肘的动作方法(见图 9-3-5)是：
　　(1)由防卫姿势开始，一手臂屈肘，由下向上挑击，力达肘尖；
　　(2)脚趾蹬地，转腰送肩，挺胸展腹，另一手臂屈肘挡护于面侧，目视肘方向。

图 9-3-5

(六)反肘

反肘的动作方法(见图 9-3-6)是：

(1)由防卫姿势开始,疾步贴近对方,一手臂屈肘,突然转身发肘撞击对方,撞击有 3 种线路,即水平方向撞击、垂直向下方撞击和斜向上方撞击,力达肘尖；

(2)转身拧腰,身肘相配,步稳肘猛,另一手臂屈肘挡护于面侧,目视肘方向。

图 9-3-6

第四节 腿技

泰拳腿技闻名天下,泰拳师无不擅用腿技。腿技在泰语中叫"笛",是远距离作战的武器。泰拳师重视腿击法,是因为腿比手长,力度大。以重量级泰拳师为例,腿踢的力度可达 500 千克。经过严格的训练,泰拳师的腿坚硬如铁,柔软若鞭,灵活似手,令人叹为观止。腿技的击打目标从高度上可分为 3 个区域,即高位踢腿,攻击对方太阳穴、脑后、耳根、面部和颈项；中位踢腿,攻击对方肋、腰、胃、腹和胸膛等要害部位；低位踢腿,攻击对方膝窝、大小腿肌肉和

胫骨，以遏止其攻势，给对方造成瞬间疼痛，使其肌肉痉挛，丧失战斗力。

腿技包括发腿技术要领和腿技基本技法等。

一、发腿技术要领

（1）发腿前身体肌肉要保持放松状态，在腿击中目标的瞬间，肌肉极度收缩，以产生出巨大爆发力；

（2）腿击时精力集中，要有无坚不摧的意念；

（3）出脚发招时要快出快收，以免被对方反击，并通过手臂调节自身平衡；

（4）腿技实战中要做到快、狠、猛、准。"快"即是腿快，"狠"即是心狠，"准"即是目标准，"猛"即是劲力猛；

（5）腿技可以同类、异类腿法单击、连击，使腿技上下连环、左右连环、真假连环、虚实连环，瞬息万变，令对方难以防范；

（6）腿技发挥威力，应将距离和时机配合使用。

二、腿技基本技法

腿技基本技法包括前踢腿、侧踢腿、蹬踢腿（前、后）、勾踢腿、后撩腿、旋踢腿（高、低）、逆踢腿、铲踢腿、横扫腿（高、中、低）和飞踢腿等。

（一）前踢腿

前踢腿的动作方法（见图9-4-1）是：

（1）以右腿为例，由左防卫势开始，右脚蹬地，屈膝，由下向上踢出，力达脚尖及脚背；

（2）左脚支撑身体，上体略内含，呼气发腿，目视前方。

图 9-4-1

（二）侧踢腿

侧踢腿的动作方法（见图 9-4-2）是：

（1）以左腿为例，由右防卫势开始，身体重心后移；

（2）左腿蹬地，屈膝上提，转腰拧胯，左腿展膝，直线向前踹出，力达脚底，呼气发力；

（3）上体向右侧倾，右腿支撑身体，两手体前随动，目视左腿方向。

图 9-4-2

(三)蹬踢腿(前、后)

蹬踢腿(前、后)的动作方法(见图9-4-3)是:

(1)以右前蹬踢腿为例,由左防卫势开始,右腿蹬地,屈膝上提;

(2)由后向前直膝蹬出,力达脚底,呼气发力,上体略右转,两手体前随动,目视右腿方向。

图 9-4-3

(四)勾踢腿

勾踢腿的动作方法(见图9-4-4)是:

(1)以右脚为例,由左防卫势开始,左脚向左转,上体随着左转;

(2)右脚向前擦地勾踢,力达脚踝,脚跟略离地面,呼气发力,目视右腿方向。

图 9-4-4

(五) 后撩腿

后撩腿的动作方法(见图 9-4-5)是:

(1) 以左脚为例,由左防卫势开始,重心右移,同时身体右后转体 180°;

(2) 左腿蹬地,屈膝上勾撩击,力达脚跟,双手体前随动,呼气发力,目视左腿方向。

图 9-4-5

(六) 旋踢腿(高、低)

旋踢腿(高、低)的动作方法(见图 9-4-6)是:

(1) 以右高旋踢腿为例,由左防卫势开始,左脚掌向右旋拧 360°,同时右腿由右向左随上体转动,弧形向上直摆;

(2) 高于头部,上体略前倾,转头,拧腰,旋胯,力达脚掌或脚跟,双手体前随动,呼气发力,目视右腿方向。

图 9-4-6

(七)逆踢腿

逆踢腿的动作方法(见图 9-4-7)是：

(1)以左腿为例,由左防卫势开始,重心右移,左腿蹬地,屈膝上提；

(2)由右向左弧形直膝逆向摆击,并在空中形成一半月形,高于头位,力达脚掌或脚外沿,同时身体略右倾,双手体前随动,呼气发力,目视左腿方向。

图 9-4-7

(八)铲踢腿

铲踢腿的动作方法(见图 9-4-8)是：

(1)以左腿为例,由左防卫势开始,重心右移;

(2)左腿屈膝上抬,小腿内旋,脚尖内扣,随即由屈到伸向体前铲出;

(3)身体略右转,两手体前随动,呼气发力,力达脚外侧,目视腿方向。

图 9-4-8

(九)横扫腿(高、中、低)

横扫腿(高、中、低)的动作方法(见图 9-4-9)是:

(1)以右高横扫腿为例,由左防卫势开始,左脚掌蹬拧地面向左外展,脚跟略离地面;

(2)右腿屈膝上提,一般大腿带动小腿以 45°起脚,向上弧形摆踢,高于头位,力达脚背与胫骨处;

(3)上体左倾斜,倒肩,拧腰,两手向体右侧摆动,呼气发力,目视腿方向。

图 9-4-9

(十)飞踢腿

飞踢腿的动作方法(见图 9-4-10)是：

以上前踢腿、侧踢腿、横扫腿、蹬踢腿等腿法凌空运用即为飞踢腿。

图 9-4-10

第五节 膝技

膝技是泰拳中的主要技法，泰语叫"求"，是近距离搏斗中的杀手锏。不论是进攻还是防守或是反击都会有很大功效。由于膝部坚

硬,出击速度快、线路短且力量大,常常神出鬼没,令对方防不胜防。膝技包括发膝技术要领和膝技基本技法等。

一、发膝技术要领

（1）用膝之道贵在精简和实用,把握恰当的时机,近身缠抱时宜用膝法;跃击膝使用时一要弹跳力好,二要把握准确的时机及距离;

（2）膝技运用必须配合腰、腿的力量,还需手法的辅助,一般手的发力方向应与膝的发力方向相合,膝力才能凶猛、奏效;

（3）发膝时要敢于冒险且有大无畏的精神,才能接近对方,实施膝技;

（4）发膝时要设法运用假动作,吸引对方注意力,保持膝技的突然性和隐蔽性,使对方不明其意图;

（5）膝技的优劣实质上就是髋关节柔韧性好坏的体现,所以须加强髋关节和腿部的柔韧训练;

（6）使用膝技时必须考虑未击中目标后的补救措施和应变能力,不给对方反击的机会;

（7）膝技要与拳、肘、腿等技法配合使用,形成立体攻势。

二、膝技基本技法

膝技击打目标包括攻击对方的头部、下颌、胸腹部、胃部、肋部、后腰和大腿肌等。膝技基本技法包括前冲膝、上顶膝、斜撞膝、横扫膝、侧弯膝和飞膝（跃击膝）等。

(一)前冲膝

前冲膝的动作方法(见图9-5-1)是：

(1)以右腿为例，由左防卫势开始，右脚蹬地，屈膝上提，向体前直线前冲，左腿支撑身体；

(2)上体略后仰，两手体前随动，呼气发力，力达膝部，目视对方。

图9-5-1

(二)上顶膝

上顶膝的动作方法(见图9-5-2)是：

(1)以右腿为例，由左防卫势开始，右脚蹬地，屈膝上提，向体前方垂直上顶；

(2)右腿支撑身体，上体略内含，两手体前向下拉动，呼气发力，力达膝部，目视对方。

图 9-5-2

(三)斜撞膝

斜撞膝的动作方法(见图 9-5-3)是:

(1)以右腿为例,由左防卫势开始,右脚蹬地,屈膝上提,向体前斜上方 45°撞膝;

(2)左腿支撑身体,上体向左后转动,两手向右后摆动,呼气发力,力达膝部,目视对方。

图 9-5-3

(四)横扫膝

横扫膝的动作方法(见图 9-5-4)是:

(1)以右腿为例,由左防卫势开始,左脚向外侧拧转,右脚蹬

地,屈膝上提,与上体水平,且与地面垂直;

(2)由右向左横扫360°,两手随动,呼气发力,力达膝部,目视对方。

图 9-5-4

(五)侧弯膝

侧弯膝的动作方法(见图 9-5-5)是:

(1)以右腿为例,由左防卫势开始,右脚蹬地,屈膝上提,膝部内侧由外向里摆击;

(2)左腿支撑身体,上体向右略转,两手体前随动,呼气发力,力达膝内部,目视对方。

图 9-5-5

(六)飞膝(跃击膝)

飞膝的动作方法(见图 9-5-6)是:

(1)以右单飞膝为例,由左防卫势开始,双脚用力蹬地,身体凌空,右膝向上飞顶;

(2)两手随动,呼气发力,力达膝部,目视对方。

图 9-5-6

第六节 摔技

摔技是泰拳的高级技法,较难掌握,非技术全面、功夫高深的拳手很少运用此技。使用摔技时需要贴身近战,故应看准时机,切不可草率行事,否则容易受到对方"铁肘"、"钢膝"的致命打击。使用摔技的最好时机,是在对方一脚攻击落空,而以单足支撑重心之时,此时巧妙地运用摔技效果最佳。摔技包括摔技要领、摔技作用和基本技法等。

一、摔技要领

摔技的要领是：

（1）使用摔技时要快速、敏捷，力量协调，更为重要的是要控制对方的重心，破坏对方的平衡，令其倒地；

（2）摔技是一种综合实战法，往往需要与拳、肘、腿、膝等技法配合使用。

二、摔技作用

摔技的作用是：

（1）摔技可有效地控制对方凶猛的攻势，瓦解对方的进攻招法，变被动为主动；

（2）摔技还可起到良好的过渡作用，当对方失去重心摔倒，无暇顾及防守与进攻时，趁机进攻，重伤对方；

（3）虽然在泰拳比赛中使用摔技不得分，但却可摧毁对方自信心，损耗对方体力，给其造成巨大的心理压力，达到打击对方自信心，以及使其摔倒受伤等目的。

三、基本技法

基本技法包括顺手牵拉摔、穿腋过背摔、托肘扫踢摔、抱膝按面摔、抱腰按面摔、抱腿拧摔、抱腿别摔、勾腿踢摔、掀腿绊摔和扛腿过背摔等。

(一)顺手牵拉摔

顺手牵拉摔的动作方法(见图9-6-1)是：
(1)当对方进身欲抱腰施技时,顺势用双手扣按其头颈或肩部,用力回带；
(2)后移步下拽对方,使其前冲失去平衡,摔倒在地。

图9-6-1

(二)穿腋过背摔

穿腋过背摔的动作方法(见图9-6-2)是：
(1)当对方左摆拳攻打面部时,身体急速向右闪转；
(2)右手扣按其左拳,左手从其左腋下穿过,紧扣其左肩部；
(3)接着身体下俯,臀部上提；
(4)双臂随身体前俯下拽,使对方身体从背上摔出。

图 9-6-2

(三)托肘扫踢摔

托肘扫踢摔的动作方法(见图 9-6-3)是：

当被对方揿住脖子并用膝部击打时，应上体挺直，用双手上托其肘部，并顺势用一腿勾踢对方的支撑腿，使其失去重心，摔倒在地。

图 9-6-3

(四)抱膝按面摔

抱膝按面摔的动作方法(见图 9-6-4)是：

当对方用膝攻打时，应一手由其膝下抄抱，随之向上高抬，同时另一只手按其面部，上下齐用力，使其失去平衡，摔倒在地。

图 9-6-4

(五) 抱腰按面摔

抱腰按面摔的动作方法(见图 9-6-5)是:

(1) 当被对方掐住颈部冲膝时,应迅速进步,贴靠对方,一手环抱其腰部,回拉;

(2) 另一手从其双臂中间上穿按其面部、口鼻,并用力向前推压,使其呼吸受阻,身体失去平衡而后仰,摔倒在地。

图 9-6-5

(六) 抱腿拧摔

抱腿拧摔的动作方法(见图 9-6-6)是:

（1）当对方用中横扫腿踢击打时,应一手臂由下向上抄抱其腿;

（2）另一手扣压其颈部,上提手和下压手旋拧发力,使其失去平衡,摔倒在地。

图 9-6-6

（七）抱腿别摔

抱腿别摔的动作方法（见图 9-6-7）是:

（1）当对方用侧踢腿或横扫腿攻踢头、胸时,应随即转身用双手锁抱其来腿;

（2）用一脚别其支撑腿,使其失去重心,摔倒在地。

图 9-6-7

(八) 勾腿踢摔

勾腿踢摔的动作方法(见图9-6-8)是：

(1)当对方用高横扫腿攻击头部时,应顺势移步进身,用双手臂外挡其腿；

(2)一腿勾踢对方的支撑腿后膝或脚跟,使其失去重心,摔倒在地。

图 9-6-8

(九) 掀腿绊摔

掀腿绊摔的动作方法(见图9-6-9)是：

(1)当对方用后旋踢攻击头部时,应快速进身,一手护于面前,一手掀起对方进攻的来腿；

(2)另一只脚绊其支撑腿,此时手向前上方,脚向后发力,使其失去重心,摔倒在地。

图 9-6-9

(十)扛腿过背摔

扛腿过背摔的动作方法(见图 9-6-10)是：
(1)当对方用前蹬腿蹬踢面部时,应顺势进身,双手锁抱其腿扛于肩上；
(2)身体前躬,手臂向下拉其脚,使其从肩背摔出倒地。

图 9-6-10

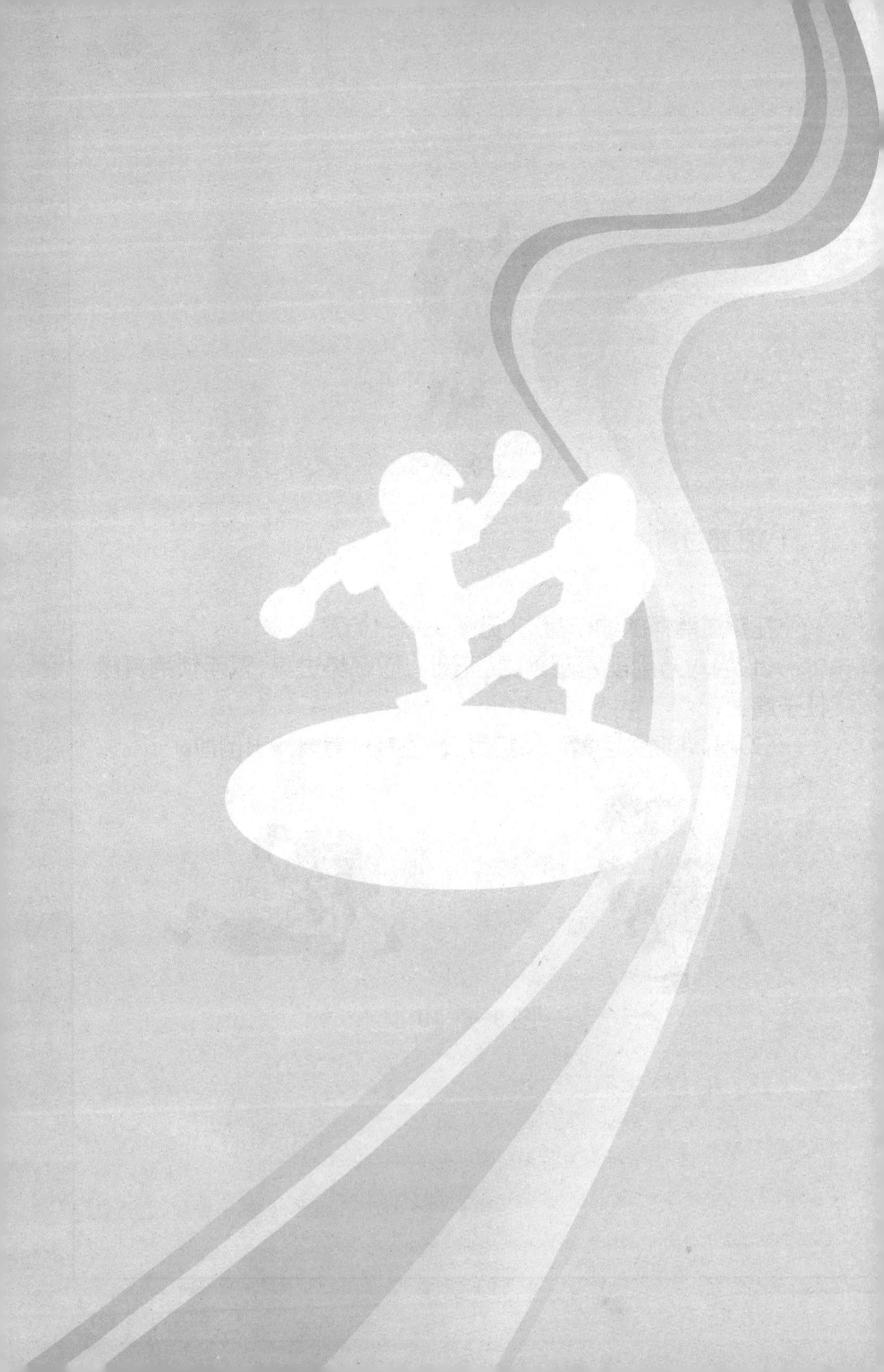

第十章 泰拳实战战术

实战战术是根据比赛双方的具体情况，为战胜对方而采取的对策和方法。泰拳实战战术包括主动进攻与防守反击拳法、主动进攻与防守反击肘法和主动进攻与防守反击腿法等。

第一节 主动进攻与防守反击拳法

主动进攻与防守反击拳法在比赛中是最常运用的拳法，比较灵活，是每一个优秀拳手都必须掌握的，包括左直拳—右直拳、右摆拳—左上勾拳、左直拳—左上勾拳—右平勾拳、左摆拳—右掴击拳—左上勾拳、左直拳—右后摆拳、右直拳—右回手拳—左直拳、右后摆拳—左直拳—右上勾拳、防直拳、防摆拳、防勾拳、防后摆拳、防回手拳、防高横扫腿、防前踢腿、防旋踢腿和防冲膝等。

一、左直拳 — 右直拳

左直拳—右直拳的动作方法（见图10-1-1）是：
（1）双方对峙，突发左直拳诱打对方面部，对方头向后闪；
（2）随即移步进身，用右手重拳击打其头部。

图10-1-1

二、右摆拳 — 左上勾拳

右摆拳—左上勾拳的动作方法（见图10-1-2）是：

(1)双方对峙,突发右摆拳击打对方头侧;
(2)对方用手格挡,应用左上勾拳打其上颌或腹部。

图 10-1-2

三、左直拳—左上勾拳—右平勾拳

左直拳—左上勾拳—右平勾拳的动作方法(见图 10-1-3)是:
(1)双方对峙,突发左直拳打对方面部,对方后闪;
(2)接着进身,用左上勾拳打其下颌;
(3)用右平勾拳打其头侧部。

图 10-1-3

四、左摆拳 — 右掴击拳 — 左上勾拳

左摆拳—右掴击拳—左上勾拳的动作方法（见图10-1-4）是：
(1) 双方对峙，突发左摆拳打对方头部侧面，对方下闪；
(2) 随即用右掴击拳打其头部另一侧；
(3) 接着用左上勾拳打其腹部。

图 10-1-4

五、左直拳 — 右后摆拳

左直拳—右后摆拳的动作方法（见图10-1-5）是：
(1) 双方对峙，突发左直拳打对方面部，对方移步后闪；
(2) 随即移步转身，用右后摆拳打击其头侧。

图 10-1-5

六、右直拳—右回手拳—左直拳

右直拳—右回手拳—左直拳的动作方法(见图10-1-6)是:
(1)双方对峙,突发右直拳打对方胸部,对方用手臂向下挡压;
(2)随即用右回手拳打其面部;
(3)接着用左直拳攻其胸部。

图 10-1-6

七、右后摆拳—左直拳—右上勾拳

右后摆拳—左直拳—右上勾拳的动作方法(见图10-1-7)是:
(1)双方对峙,转身,突发右后摆拳攻对方头侧,对方后闪;
(2)用左直拳打其面部;
(3)随即再用右上勾拳攻其腹部。

图 10-1-7

八、防直拳

防直拳的动作方法（见图 10-1-8）是：

双方对峙，对方发直拳攻打头面，应下蹲躲闪，同时发一直拳攻其腹部，破解其进攻。

图 10-1-8

九、防摆拳

防摆拳的动作方法（见图 10-1-9）是：

双方对峙，对方发摆拳攻头侧，应用一手臂格挡，同时发另一手平勾拳攻其头侧部，破解其进攻。

图 10-1-9

十、防勾拳

防勾拳的动作方法(见图10-1-10)是:
双方对峙,对方发勾拳攻腹部,应用一手臂向下挡压,另一手发直拳攻其面部,破解其进攻。

图 10-1-10

十一、防后摆拳

防后摆拳的动作方法(见图10-1-11)是:
(1)双方对峙,对方用后摆拳攻击头部,应向后移步闪躲;
(2)随即进身,连环直拳击打其头部,破解其进攻。

图 10-1-11

十二、防回手拳

防回手拳的动作方法（见图 10-1-12）是：

双方对峙，对方发回手拳打击头部，应一手臂上架挡，另一手发上勾拳攻其心腹部，破解其进攻。

图 10-1-12

十三、防高横扫腿

防高横扫腿的动作方法（见图 10-1-13）是：

双方对峙，对方发高横扫腿踢头部，应进身一手臂向外格挡，另一手出直拳攻其头部，破解其进攻。

图 10-1-13

十四、防前踢腿

防前踢腿的动作方法(见图 10-1-14)是：

双方对峙，对方发前踢腿踢腹部，应随即用一手臂下压，另一手出直拳攻其头部，破解其进攻。

图 10-1-14

十五、防旋踢腿

防旋踢腿的动作方法(见图 10-1-15)是：

双方对峙，对方发旋踢腿攻踢头部，在其转身之机，应进身出直拳攻击其后脑，破解其进攻。

图 10-1-15

十六、防冲膝

防冲膝的动作方法(见图 10-1-16)是:

双方对峙,对方发冲膝顶腹部,应用一手向下拍挡,同时用另一手平勾拳攻其头部或耳侧,破解其进攻。

图 10-1-16

第二节 主动进攻与防守反击肘法

主动进攻与防守反击肘法经常在比赛中使用,特点是力量较大,是每一名优秀拳手必须掌握的战术,包括左平肘—右平肘、左追肘—右追肘、左平肘—右平反肘、防直拳(侧闪、拨挡)、防摆拳、防勾拳、防回手拳和防前冲膝等。

一、左平肘—右平肘

左平肘—右平肘的动作方法(见图 10-2-1)是:
(1)双方对峙,进身,突发左平肘击打对方头颈另一侧;
(2)接着用右平肘击打其头颈另一侧,重伤对方。

图 10-2-1

二、左追肘—右追肘

左追肘—右追肘的动作方法(见图 10-2-2)是:
(1)双方对峙,应进身,突发左追肘顶对方胸部;
(2)接着用右砸肘砸其头颈部,重伤对方。

图 10-2-2

三、左平肘—右平反肘

左平肘—右平反肘的动作方法(见图 10-2-3)是:
(1)双方对峙,应进身,突发左平肘击打对方头侧;
(2)接着移步转身,发右平反肘攻击其头部或背部,重伤对方。

图 10-2-3

四、防直拳(侧闪)

防直拳(侧闪)的动作方法(见图 10-2-4)是：

双方对峙,对方用直拳攻打面部,应进步侧闪身,一手拨拦其拳,另一手发平肘反击对方胸、腹,破解其进攻。

图 10-2-4

五、防直拳(拨挡)

防直拳(拨挡)的动作方法(见图 10-2-5)是：

双方对峙,对方用直拳攻打面部,应用一手拨挡其拳,随即转身移步,用另一手反肘攻击其头部,破解其进攻。

图 10-2-5

六、防摆拳

防摆拳的动作方法（见图 10-2-6）是：
双方对峙，对方用摆拳攻打头侧，应一手向外挡臂，防守其拳，同时进步，另一手发平肘击打其头颈，破解其进攻。

图 10-2-6

七、防勾拳

防勾拳的动作方法（见图 10-2-7）是：
双方对峙，对方用勾拳攻打下颌处，应用一手臂下压其拳，同时另一手臂发砸肘，砸击对方面胸，破解其进攻。

图 10-2-7

八、防回手拳

防回手拳的动作方法(见图 10-2-8)是：
(1)双方对峙,对方用回手拳攻打面门,应一手臂向上架挡;
(2)接着转身移步,用另一手臂发上反肘,击其下颌或心窝,破解其进攻。

图 10-2-8

九、防前冲膝

防前冲膝的动作方法(见图 10-2-9)是：
双方对峙,对方用前冲膝攻打胸、腹,随即应用双剁肘向下剁击对方膝部,破解其进攻。

图 10-2-9

第三节 主动进攻与防守反击腿法

主动进攻与防守反击腿法经常在比赛中使用，特点是力量较大，是优秀拳手应掌握的技术，包括左前蹬腿—右高横扫腿、左前踢腿—右后撩腿、右前踢腿—右高横扫腿—左旋踢腿、左低横扫腿—右高横扫腿、右低侧踢腿—右逆踢腿、左中侧踢腿—左飞侧踢腿、右勾踢腿—右铲踢腿和右前踢腿—左飞横扫腿。

一、左前蹬腿—右高横扫腿

左前蹬腿—右高横扫腿的动作方法（见图 10-3-1）是：
(1) 双方对峙，应突发左前蹬腿，攻踢对方腹部；
(2) 接着用右高横扫腿猛踢其头颈部。

图 10-3-1

二、左前踢腿—右后撩腿

左前踢腿—右后撩腿的动作方法（见图 10-3-2）是：
(1) 双方对峙,应突发左前踢腿,攻踢对方下颌;
(2) 接着转身,用右后撩腿撩踢其腹部。

图 10-3-2

三、右前踢腿—右高横扫腿—左旋踢腿

右前踢腿—右高横扫腿—左旋踢腿的动作方法（见图 10-3-3）是：
(1) 双方对峙,应突发右前踢腿,踢击对方腹部;

（2）接着用右高横扫腿连踢其头部；
（3）然后转身，再用左旋踢腿踢击其后脑或背部。

图 10-3-3

四、左低横扫腿—右高横扫腿

左低横扫腿—右高横扫腿的动作方法（见图 10-3-4）是：
（1）双方对峙，应突发左低横扫腿攻踢对方小腿部或后膝处；
（2）接着用右高横扫腿踢击其头颈部。

图 10-3-4

五、右低侧踢腿—右逆踢腿

右低侧踢腿—右逆踢腿的动作方法（见图 10-3-5）是：
（1）双方对峙，应突发右低侧踢腿攻踢对方前腿胫骨处；
（2）接着用右逆踢腿连击其头部。

图 10-3-5

六、左中侧踢腿—左飞侧踢腿

左中侧踢腿—左飞侧踢腿的动作方法(见图 10-3-6)是：
(1)双方对峙,应发左中侧踢腿攻踢对方腰腹；
(2)然后双脚蹬地,身体凌空,再用左飞侧踢腿攻踢其胸面。

图 10-3-6

七、右勾踢腿—右铲踢腿

右勾踢腿—右铲踢腿的动作方法(见图 10-3-7)是：
(1)双方对峙,应突发右勾踢腿,攻踢对方前脚脚跟；
(2)然后再用右铲踢腿连击其后腿膝部。

图 10-3-7

八、右前踢腿—左飞横扫腿

右前踢腿—左飞横扫腿的动作方法(见图10-3-8)是：
(1)双方对峙,应突发右前踢腿,攻踢对方腹部；
(2)接着双腿蹬地,身体凌空,用左飞横扫腿攻击其头部。

图 10-3-8

第十一章 泰拳比赛规则

　　裁判是泰拳比赛的关键性工作，裁判组织是否健全，裁判人员的素质高低，都直接影响着泰拳比赛能否顺利进行。因此，裁判人员的分工必须明确，必须熟悉泰拳技术和业务，真正领会和掌握竞赛规则和精神，而且要在执法时坚决做到严肃、认真、公正和准确，通过自己的努力使运动员在比赛中充分发挥泰拳的技术和战术水平，保证比赛顺利进行。

第一节 程序

泰拳比赛是由两位选手在方形拳击台上进行的。比赛的目的是通过击打对方获得点数,或造成对方无法继续比赛。本节主要介绍比赛的程序,包括参赛办法和比赛方法。

一、参赛办法

比赛前,医生须对参赛者进行身体检查,符合规定者,允许参加比赛。泰拳比赛对选手的体重限制极为严格,共分13个级别:

(1)次绳量级:48千克;
(2)蝇量级:49千克;
(3)毛量级:50.8千克;
(4)轻羽量级:55.3千克;
(5)羽量级:57.2千克;
(6)轻量级:59千克;
(7)轻沉量级:61.2千克;
(8)中沉量级:64千克;
(9)沉量级:66.7千克;
(10)轻中量级:70.3千克;
(11)中量级:72.6千克;
(12)轻重量级:79.4千克;
(13)重量级:79.4千克以上。

二、比赛方法

（1）每场比赛规定若干回合（通常以 5 个回合为多）；
（2）每回合限时 3 分钟，中间休息 2 分钟。

第二节 裁判

泰拳比赛的裁判工作是在仲裁委员会的监督指导下进行的，下设裁判组、评判组、场记长、记录员、计时员、检录员、临场宣告员和临场医生等。

一、裁判员

在泰拳比赛中，台上裁判员是每场比赛的组织者，控制着比赛的进行。台上裁判员水平的高低，直接关系到运动员的技术和战术水平的发挥，影响着运动员的胜负。

泰拳比赛是一项紧张激烈且对抗性极强的运动，台上裁判员应该准确地判定双方运动员的攻防成绩，同时要严格按照规则的精神，对运动员有意或无意所造成的犯规，以及动作不合理现象，立即进行制止和判决，从而防止伤害事故的发生，保证运动员的安全。

二、记分

（1）凡击中、踢中或膝、肘撞中对方，及以任何行动使对方能力

削弱而不犯规者,均可得分;

(2)一回合中,任何一方获得5分,即为胜者;

(3)统计五个回合中(假设为五回合比赛)得分高者为胜方;

(4)被击倒、跪倒或虽挺立但不能继续比赛时,即为失败;

(5)被击倒,且由公证人数至"10"而不能再起立应战时,则为失败;

(6)凡被击出擂台之外,负1分,由公证人数至"10"而未能及时返回擂台,则为失败;

(7)钟声发出响声,表示一个回合开始,如果其中一方不能继续应赛,视为失败。

三、犯规

凡有下述举动者,皆以犯规论:

(1)将对方击倒后,仍继续行扭打、抛掷、撞击动作或向对方吐痰、口咬、足踢等;

(2)插对方的眼部;

(3)用擒拿手法反扭对方关节;

(4)攻击下阴部位;

(5)锁对方颈部。